AF318568

LES DÉBUTS

DE

L'IMPRIMERIE

A ORLÉANS

PAR

L. JARRY

Membre de la Société archéologique et historique de l'Orléanais

ORLÉANS

H. HERLUISON, LIBRAIRE-ÉDITEUR

17, RUE JEANNE-D'ARC, 17

1884

à Monsieur L. Delisle

Membre d. l'Institut

Hommage respectueux

LES DÉBUTS
DE L'IMPRIMERIE

A ORLÉANS

IMP. GEORGES JACOB, — ORLÉANS.

FILIGRANES ORLÉANAIS

1_1464   2_1469

LES DÉBUTS

DE

L'IMPRIMERIE

A ORLÉANS

PAR

L. JARRY

Membre de la Société archéologique et historique de l'Orléanais

ORLÉANS

H. HERLUISON, LIBRAIRE-ÉDITEUR

17, RUE JEANNE-D'ARC, 17

1884

LES DÉBUTS

L'IMPRIMERIE

A ORLÉANS

L A Société archéologique et historique de l'Orléanais [1] vient de prendre l'initiative d'une exposition qui embrasse, en même temps que celle de l'Université, l'histoire de

[1] La Société a entendu la lecture de cette note dans sa séance du 9 mai 1884. Elle en a voté l'insertion dans ses *Mémoires*, et a bien voulu en autoriser l'impression immédiate.

la Typographie orléanaise qui s'y trouve
intimement liée.

Il nous a semblé que le moment était
opportun pour présenter un document inédit
et absolument inconnu qui recule de dix années, au moins, c'est-à-dire de 1491 à 1481,
l'antiquité des origines de l'imprimerie dans
notre ville. Nous croyons utile de joindre à
la publication de ce texte quelques obser-
vations tirées d'autres documents contemporains et qui pourront faciliter, dans
l'avenir, l'éclaircissement de ces mêmes
origines. Cette recherche ne semblera peut-
être pas dénuée d'intérêt, puisque cet art,
depuis son introduction, n'a jamais cessé
d'être tenu en grand honneur parmi nous,
et que nos imprimeurs orléanais, au seizième
siècle, au dix-huitième et de nos jours, ont
su mériter une place distinguée au milieu de
leurs confrères.

1

LE *MANIPULUS CURATORUM,* PREMIER LIVRE
IMPRIMÉ A ORLÉANS, EN 1491

L E premier livre que l'on connaisse, jusqu'à présent, comme sorti des presses orléanaises, porte la date du dernier jour de mars 1490 (vieux style). Puisque Pâques était, cette même année, le 11 avril, il faut donc lire, d'après le nouveau style, le 31 mars 1491. Le savant Mercier, abbé de Saint-Léger, avait négligé de préciser cette date dans la lettre qu'il écrivit, le 16 avril 1778, à notre compatriote Perdoulx de la Perrière, pour lui signaler cet intéressant volume [1].

---

[1] Cette lettre a été imprimée, d'après le manuscrit de Dom Gérou, par notre confrère, M. H. Herluison, dans ses *Recherches sur les imprimeurs et libraires*

Il est intitulé : *Manipulus curatorum, Le Manuel des Curés*, ou, comme le porte un autre titre imprimé au verso d'un feuillet de garde à la suite du volume : *Le Doctrinal des Prêtres*. Cette répétition de titres, au commencement et à la fin d'un volume, n'est pas sans exemple. Elle se trouve chez les Alde, à Venise, notamment dans leur édition des œuvres de *Catulle*, *Tibulle* et *Properce*, de 1501, et chez les imprimeurs lyonnais du XV° siècle.

Une tradition que, jusqu'à preuve contraire, nous devons considérer comme infiniment respectable, veut que la première presse ait fonctionné à Orléans dans la salle basse de la *Librairie de l'Université*, c'est-à-dire au dessous de la salle même des séances de la Société archéologique et historique de l'Orléanais. Nous y reviendrons.

Le *Manipulus curatorum* est de format petit in-4°. Il y a 244 feuillets, sans chiffres ni réclames, mais avec les signatures *a-z*, Z, Q,

d'Orléans. On y trouve, en fac-similé, les premières et les dernières lignes de l'ouvrage, et la marque de Mathieu Vivian.

A-E. Les cahiers sont de huit feuillets; cependant B et C n'en ont que six [1]. Il y a en général 24 lignes à la page, quelquefois 25; dans le cahier *l*, deux pages plus courtes ont 21 et 22 lignes. Le filigrane, très visible au premier feuillet, beaucoup moins aux autres, représente une licorne.

Le seul exemplaire connu du *Manipulus* appartient à la Bibliothèque Nationale. Il est exposé, au milieu de trésors inappréciables, dans les vitrines de la belle galerie Mazarine. Il porte en tête trois feuillets doubles, et n'est revêtu que d'une modeste reliure en veau. Le dos a été refait, les plats sont à compartiments losangés avec une petite rosace dans chaque compartiment, le tout frappé à froid et sans aucune dorure; la reliure semble postérieure à l'impression.

Pour achever la description de ce livre, nous dirons que ses caractères gothiques sont écrasés et arrondis, ce qui justifie pleinement

[1] Cette inégalité de cahiers, assez fréquente au XVe siècle, tient à l'encartage, au manque de caractères et de copie, et généralement à l'imperfection des procédés.

l'observation que nous a faite un savant expert, M. Claudin, libraire à Paris , lequel croit y reconnaître un matériel usé présentant une ressemblance frappante avec les types des premières impressions de Poitiers [1].

Mathieu Vivian, l'imprimeur du *Manipulus*, ne paraît pas être un de ces artistes nomades, dont parle l'abbé de Saint-Léger, qui transportaient leurs presses de ville en ville, suivant les demandes et les besoins de la clientèle. On ne le voit, du moins, imprimer nulle part ailleurs qu'à Orléans, et, dans Orléans même, il n'a produit que ce volume. On verra plus loin qu'il mourut au plus tard en 1513.

Il semble que sa famille fut orléanaise. On rencontre, dans les documents contemporains, des personnages de ce nom occupant des situations bien diverses. Guillaume Vivian,

[1] M. Claudin ne se contente pas d'être un juge très compétent sur toutes les questions de typographie et de bibliographie. Il sait y joindre une complaisance dont cette notice s'est particulièrement ressentie. Nous sommes heureux de lui en témoigner toute notre gratitude.

bachelier en théologie, collabore, en 1410, à une traduction française de la Bible, commencée sous le roi Jean [1]. En 1469, Germain Vivian était « général maistre des monnoyes du roi » et beau-frère d'Étienne de Montdidier, président aux Enquêtes du Parlement et chanoine de Beaugency en l'église d'Orléans [2]. La même année, on rencontre Raoulet Vivian, vigneron, en la paroisse Saint-Victor d'Orléans [3]. En 1482, « un Jehan Vivien, *texier* en draps, » demeurait paroisse Saint-Laurent-des-Orgerils [4]. C'est peut-être le même que l'on retrouve dix ans après, en 1492, comme roi des Archers [5].

Un document plus intéressant, c'est l'acte de réception à la bourgeoisie de Genève de

[1] Bibliothèque de l'École des Chartes, 3ᵉ année, t. IV, p. 142.

[2] Minutes de Tassin Berthelin. (Étude de Mᵉ Paillat, notaire à Orléans.)

Nous ne saurions trop remercier M. Paillat de l'extrême obligeance avec laquelle il nous a permis de compulser la riche collection de ses anciens registres de notaire.

[3] Minutes de Tassin Berthelin. (Étude de Mᵉ Paillat.)

[4] Minutes de Jehan Courtin. (Même étude.)

[5] Comptes de commune de la ville d'Orléans.

Jacques Vivian, imprimeur [1], fils de feu Mathieu Vivian d'Orléans. Voici cette mention, qui porte la date du mardi 8 novembre 1513 :

Honestus vir Jacobus, filius quondam Mathey Vuyuiani de Orliens, librarius, parrochie S. Germani, burgensis, pro VIII florenis [2].

Il s'agit bien ici du fils de notre imprimeur orléanais. Jacques Vivian avait succédé à Belot, originaire de Rouen, établi comme imprimeur à Genève, après avoir exercé à Lausanne et à Grenoble. Au XVe siècle, le mot *librarius* était pris souvent, comme ici, avec l'acception de *fabricant de livres*. M. Claudin en donne un exemple des plus frappants qui s'applique à Gutenberg lui-même [3].

---

[1] Il imprime dans cette ville, le 20 février 1522 (v. s.), *Le Doctrinal de Court*, dont Brunet a donné la notice dans son *Manuel du libraire*, ainsi que plusieurs autres livres.

[2] Registres du Conseil de Genève, vol. de 1511 à 1514, fol. 162 verso. (Archives de Genève.) Je dois cette intéressante communication à l'extrême obligeance de M. A. Claudin, de Paris, Orléanais de naissance.

[3] *Magnum lumen novorum librariorum genus attulit,* dit Guillaume Fichet dans une lettre à Robert Gaguin,

A la même époque, vivait à Paris Nicolas Vivian, qui semble n'avoir été libraire que dans le sens restreint du mot. On lit à la fin d'un livre d'heures à l'usage de Rome : *Ces présentes heures ont été imprimées à Paris par Maturin Le Mère, imprimeur, pour Nicolas Vivian, libraire, demourant à Paris, et furent achevées le xve jour de février 1513*[1].

Avant d'en terminer avec le *Manipulus*, nous devons constater que cet ouvrage de Guy du Montrocher[2], docteur en théologie du XIVe siècle, était en pleine faveur au moment de la découverte de l'imprimerie, *liber utilissimus*, dit naïvement un de ses vieux éditeurs, et qu'il profita largement de ce mode nouveau de vulgarisation. Aussi obtint-il plus de cinquante éditions avant la

imprimée en tête du *Gasparini Pergamensis orthographiæ liber*, le second livre imprimé à Paris. Cf. la courte mais substantielle notice de M. Claudin, intitulée : *Un nouveau document sur Gutenberg*.

[1] Nous en devons la connaissance à l'aimable communication de notre confrère, M. H. Herluison.

[2] Il est généralement connu sous ce nom, quoique le *Manipulus* donne les deux formes : Guy du Rocher et Guy du Montdurocher.

fin du XV° siècle [1]. Pour ne citer que les lieux les plus connus, il est publié à Augsbourg en 1471 ; à Paris en 1473, dans deux imprimeries différentes, puis en 1476 ; à Saragosse en 1475 ; à Angers en 1477 ; à Vienne, en Autriche, en 1482.

[1] *Dictionnaire bibliographique choisi du XV° siècle,* par La Serna Santander.

II

CONTRAT DE MARIAGE DE JEHAN LE ROY
IMPRIMEUR A ORLÉANS, EN 1481

ON conçoit aisément qu'Orléans, ville
renfermant un clergé nombreux et ins-
truit, à la tête duquel était un prélat éclairé
comme François de Brilhac, ait voulu suivre
l'exemple d'un grand nombre d'autres villes,
et bénéficier à son tour des procédés récemm-
ment découverts, par l'impression du *Manipulus* en l'année 1491.

On est cependant étonné que notre ville,
sur la liste de celles où l'imprimerie fut
d'abord propagée, n'occupe en France qu'un
rang éloigné, après des villes de moindre
importance, telles que Troyes, Abbeville,
Besançon. C'est à la faire remonter à une

2

place plus honorable que prétend la publication du document qui suit :

Le mardi XIIIIe jour d'Aoust (l'an mil cccc quatre vings et ung).

Maistre Jehan Le Roy, bachelier en lois impresseur et libraire, demourant à Orléans, fils de feu Jehan Le Roy et de Jehanne de La Mote jadis sa femme, de la paroisse de Saint Martin D'igé [1] ou Perche, d'une part ; et Marion vefve de feu Jehan Bernard en son vivant boulenger demourant à Orléans, fille de Jehan Dubois cardeur et de feu Jehanne jadis sa femme, d'autre part : Confessèrent que, au traictié du mariage et par le mariage faisant desdits maistre Jehan et Marion, et avant leurs fiansailles et aucune foy promise, ilz avoient promis et promettent de prendre l'un l'autre par nom et loy de mariage, se Dieu et saincte Eglise si accordent, avec tous telz biens qu'ilz et chacun d'eulx ont et peuent avoir. Et pour icellui mariage

---

[1] Saint-Martin-d'Igé (ou du Doet sur les anciennes cartes du Perche) est au sud de Bellesme (Orne).

*estre consommé et acomply, ledit maistre
Jehan a douée et doue ladite Marion son
accordée et future espouse de la somme de
cent cinquante escuz d'or, des escuz d'or
aians de présent cours, de douaire, à
prendre par icelle Marion sur la partie
des biens qui par la succession dudit maistre Jehan advendront à ses héritiers, se
icellui maistre Jehan va de vie à trespas
avant ladicte Marion non aiant enffens ou
enffens vivans dudit mariage; et s'il y a
et délesse enffent ou enffens vivans, elle
sera douée de la somme de LXXV escuz
d'or, à prendre par elle comme dessus.
Promectans non venir contre, tenir ferme,
faire et acomplir d'une partie et d'autre,
soubz l'obligation, etc. [1].*

L'acte qui précède est daté de 1481 ; il
fait donc reculer de dix ans, comme nous
l'avons dit, l'exercice de la profession d'im-

---

[1] *9e registre ou prothocolle de Jehan Bureau,
clerc notaire juré de Chastellet d'Orléans.* (Étude de
Me Paillat.)

En marge est cette mention : « *Grossoyé par moy
Nicolas Rousseau notaire, le* XXVIIe *jour d'avril après
Pasques mil cinq cens et dix-sept.* »

primeur à Orléans. Il justifie, en ce qui concerne la date, à une année près, la prétention émise, en 1824, par Charles-Abraham-Isaac Jacob, de posséder la première imprimerie établie à Orléans, « en 1480, par le nommé Asselin [1]. »

Si la connaissance du nom de Jehan Le Roy, désormais acquise, conduisait, comme nous l'espérons, à la découverte d'une œuvre quelconque sortie de ses presses, Orléans occuperait incontestablement non plus le treizième, mais le septième rang, ainsi que Vienne en Dauphiné, parmi les villes de France qui ont les premières abrité le berceau de l'imprimerie [2].

[1] *Recherches sur les imprimeurs et libraires d'Orléans*, par H. Herluison, p. 124. Nous n'avons pas retrouvé, dans les papiers de famille obligeamment communiqués par M. G. Jacob, sur quels documents s'appuyait son aïeul. Dans des pièces de date antérieure à 1824, et notamment dans ses *Idées générales sur les causes de l'anéantissement de l'imprimerie*, qu'il publiait en 1806, il ne fait encore remonter l'établissement de la première imprimerie à Orléans, par Pierre Asselin, qu'à l'année 1499.

[2] Ces calculs, fondés sur les tables de La Serna Santander, qui remontent au commencement de ce siècle, seraient modifiés par une nomenclature ri-

On observera même que le futur époux
se marie avec une veuve et qu'il lui cons-
titue un douaire assez important, circons-
tances qui feraient présumer qu'il n'était
plus de la première jeunesse et qu'il pouvait imprimer depuis quelques années
déjà.

Je dis : imprimeur, par la force de l'habi-
tude. Il fallait un mot nouveau pour
exprimer une idée nouvelle aussi ; mais
l'acte porte : *impresseur*, terme d'une for-
mation bien plus régulière, se rapprochant
de l'*ars impressoria* qu'il fallait traduire.
Comme bien d'autres, le mot n'a pas pré-
valu ; il a dû céder à la forme savante :
imprimeur.

Le nom de Le Roy est trop commun
dans notre pays pour que l'on puisse avoir
chance de le rattacher à une famille particu-
lière, quoique certains personnages du même

goureusement établie sur les découvertes analogues à
la nôtre ; et il a dû s'en produire un certain nombre,
avec les progrès accomplis, de nos jours, par la science
bibliographique, et l'impulsion vigoureuse donnée à
la recherche des documents originaux. M. Claudin
serait le mieux en situation de refaire ce travail.

nom se rapprochent du Perche, contrée d'origine de notre Jehan. On trouve, en 1469, Roger Le Roy, chanoine de Saint-Aignan d'Orléans et curé de Saint-Amand en Vendômois ; Guillaume Le Roy, licencié en lois, étudiait à notre Université en 1472 ; Pierre Le Roy, écuyer, était seigneur de la Poterie, près de Châteaudun, en 1483. M. Claudin nous signale François Le Roy, prêtre délégué par le chapitre de Tours, en 1492, pour réviser et corriger le *Missale Turonense*, imprimé à Rouen en 1493, ainsi qu'il ressort du colophon de ce livre. Enfin rappelons que Guillaume Le Roy, originaire de Liège [1], imprimait à Lyon en 1477, ce qui présente au moins une coïncidence curieuse.

J'ai rencontré d'autres actes concernant notre Jehan Le Roy. Mais il n'est pas bien intéressant de savoir que, de concert avec sa femme, il fait à la sœur de celle-ci et à son mari Pierre Rou, boulanger à Orléans, une donation entre vifs de droits utiles sur

---

[1] Voir à ce sujet les recherches de M. Claudin sur l'imprimerie à Alby, d'après les registres de l'hôtel-de-ville de Lyon.

une maison sise à Orléans, paroisse Saint-Paul, en la rue de *la Courcaille*, qui vient d'être complètement modifiée par les travaux 'entrepris pour la construction des marchés ; d'apprendre qu'il loue, par un contrat presque aussitôt résilié, le rez-de-chaussée de cette même maison à Guillaume Patris, marchand chaussetier à Orléans ; et qu'enfin Jehan Le Roy habite quelques mois seulement, et jusqu'à la Saint-Jean 1483, une maison neuve appelé l'*hôtel de la Faux*, sise au port d'Orléans et appartenant à la veuve Jehan Prévost.

Ces actes embrassent une courte période d'environ dix-huit mois. Jehan Le Roy prend tous ses titres dans le premier, son contrat de mariage, qui est aussi le plus solennel : bachelier en lois, impresseur et libraire ; dans le second, qui est le contrat de donation, il se dit seulement libraire. Nous avons vu déjà, l'observation doit revenir ici, que ce mot pouvait s'entendre au XVe siècle dans le même sens qu'imprimeur. Dans les autres actes il ne porte que la qualification de bachelier en lois. Est-ce une omission commise par le clerc rédacteur de l'acte, ou bien Jehan Le Roy n'exerçait-il plus la profession d'imprimeur le 6 mars 1483 ? Nous l'ignorons.

Il nous faut insister davantage sur le titre de bachelier en lois [1]. C'est le plus humble des grades universitaires ; mais il révèle chez notre *impresseur* une éducation déjà supérieure et des rapports suivis avec l'Université de lois d'Orléans autrefois fameuse.

On sait du reste que, dès avant la découverte de l'imprimerie, les libraires, qui étaient aussi généralement écrivains et relieurs, devaient faire preuve d'érudition. Ils dépendaient absolument de l'Université qui les instituait, les obligeait à observer les règlements et les statuts de leur corporation, et leur imposait un serment dont la formule était inscrite au livre du recteur. Ils devaient avoir des livres en nombre suffisant et surveiller la correction des textes qu'ils mettaient en vente. Des peines assez

[1] Au siècle dernier, Jacques-Philippe Jacob était aussi bachelier en lois de l'Université d'Orléans.

fortes imposaient leur sanction à ces obligations.

En échange de cet assujettissement, les libraires étaient classés au nombre des suppôts de l'Université et participaient aux privilèges, franchises et exemptions, dont jouissaient les docteurs régents, maîtres, écoliers, bedeaux, parcheminiers.

Les imprimeurs héritèrent sans doute des droits et des devoirs des libraires et des écrivains, corporations qu'ils avaient supplantées. Pour revenir à la tradition dont nous avons parlé, d'après laquelle les premières presses furent installées à Orléans dans la salle basse de la librairie de l'Université, une pareille complaisance, en n'admettant pas, ce qui est vraisemblable, que ce fut une obligation strictement imposée, s'expliquerait bien mieux en faveur de Jehan Le Roy, bachelier en lois, que pour toute autre personne.

Nous sommes peut-être en présence de l'un des premiers anneaux d'une chaîne dont les derniers ont été rattachés, à partir de 1577 seulement, par de récents travaux historiques, en ce qui concerne la location de la salle basse de la librairie de l'Université ou d'une salle attenant à cette librairie même, par un des libraires d'Orléans, qui avait en même temps la charge de *garde de la librairie*, c'est-à-dire de gardien de la bibliothèque universitaire.

Nous avons dit que l'impression du *Manipulus curatorum* s'imposait en quelque sorte, attendu que c'était un ouvrage très répandu dans le clergé ; mais les besoins de la clientèle universitaire n'étaient-ils pas aussi pressants, sinon plus ?

Parmi cette foule d'étudiants qui se pressaient autour des chaires de droit pour entendre la *lecture* et les explications des professeurs, le plus grand nombre étaient issus de familles modestes, car la fortune des classes moyennes commençait seulement à se développer. Les ressources de ces jeunes gens n'étaient pas grandes ; si la vie se trouvait à bon marché, les livres surtout coûtaient horriblement cher. Dans les registres des notaires on voit les bons parents se livrer à mille expédients pour constituer aux étudiants des revenus ou une pension. La même formule revient sous la plume du rédacteur de l'acte ; c'est toujours « pour subvenir et aider audit estudiant à avoir et quérir ses vivres, *livres* et autres nécessitez oudit estude. » Déjà, en 1376, le roi Charles V employait à peu près les mêmes termes, et parlait en particulier des livres, lorsqu'il donnait une somme de deux cents francs d'or pour tenir son « filleul à l'estude à Orléans [1]. » Ce filleul n'était autre que le fils de son architecte Raymon du Temple.

Les écoliers ont la réputation de n'être pas soigneux, bien qu'ils aient pour première occupation d'inscrire leur nom sur un nouveau livre, comme le fit l'étudiant Le Couvreur, au dernier feuillet d'un incunable, aujourd'hui conservé à la bibliothèque publique d'Orléans, dans ces petits vers en style macaronique :

Istud bon decrait
Michi partinet

[1] *Mandements de Charles V*, par M. L. Delisle, dans la collection des *Documents inédits*.

> Le Couvreur Egidio
> Et totum complet
> Tesmoing mon signet
> Manuel hic apposito.

Et il signe bravement : Le Couvreur, avec un beau paraphe.

De tout temps, les possesseurs de livres, surtout lorsqu'ils étaient chers et précieux, ont redouté les voleurs et les emprunteurs à longs termes, qui rapportent les volumes en mauvais état, quand ils les rendent. Ceci est exprimé dans un quatrain de tournure assez vive rencontré dans un manuscrit du XVI⁰ siècle :

> Ne femme, ne robbe, ne livre,
> Cheval ne harnois pour jouster,
> A qui que soit qu'on les délivre,
> Jamais n'amendent à prester [1].

A la longue, l'imprimerie a tiré les étudiants de tout souci de cette sorte, par le prix minime auquel elle livre ses produits classiques. Il va sans dire qu'il n'en était

---

[1] Manuscrit français 2206, à la Bibliothèque nationale.

pas ainsi au début, et pour bien des motifs.
C'est d'abord à cause de la perte de temps
causée par l'imperfection des procédés, par
l'usure, le peu de résistance des premiers
caractères employés, par le prix que coû-
tait leur remplacement.

Il faut considérer, en seconde ligne, la
question purement commerciale. Cette su-
perbe découverte a une origine un peu
trouble, et une intention frauduleuse préside
évidemment à sa naissance. On cherchait le
moyen de multiplier les manuscrits ; et il
semble hors de doute que, sous cette men-
teuse étiquette, on mit en vente les premiers
livres imprimés. On imitait donc les caractères de ces manuscrits, c'est tout naturel ;
mais on copia de même leur disposition ma-
térielle, de manière à tromper l'acheteur ; on
reproduisit aussi leurs *rubriques*. Enfin, un
espace blanc fut réservé, comme aux petites
miniatures dans les manuscrits précieux, afin
d'y placer à la main les capitales, souvent
sans y joindre aucun ornement, et dans le
seul but de tromper.

Une impérieuse nécessité contraignit pour-

tant les acquéreurs, même ceux qui étaient
le plus au courant de ces déguisements, à
passer sous les fourches caudines des éditeurs, et à payer les premiers imprimés le
même prix que les manuscrits. Bien plus, on
fut reconnaissant aux libraires de se trouver
toujours en mesure de fournir de suite les
livres demandés.

La conclusion toute naturelle de cette partie de notre notice, c'est que Jehan Le Roy,
bachelier en lois et libraire, à ce double titre
affilié à l'Université d'Orléans, a dû, comme
imprimeur, produire, pour l'*alma mater*, soit
des livres usuels de droit civil ou de droit
canon, soit le commentaire d'un professeur
en renom, comme bientôt ceux de Pyrrhus
d'Angleberme et de l'Estoile; ou bien encore
quelqu'un de ces règlements, quelqu'une de
ces circulaires, qu'on éditait alors avec une
certaine sobriété et dont, avec le progrès, nos
administrations modernes font un si fré-
quent et si généreux emploi.

Le nom de notre imprimeur Jehan Le
Roy, désormais connu, se rencontrera quelque jour, nous n'en doutons pas, sur l'un

des incunables qui ne portent aucune mention de date ou de lieu d'impression, et qui sont encore en assez grand nombre dans les grandes bibliothèques publiques.

A défaut même du nom de Le Roy, on pourrait cependant encore lui attribuer, avec quelque certitude, des livres sans nom d'imprimeur, sans lieu ni date ; mais qui reproduiraient l'empreinte des types employés par Mathieu Vivian, moins usés ; qui présenteraient la même justification ; dont le papier porterait le même filigrane, la licorne, ou ceux dont il va être parlé dans le chapitre suivant. Dans ce cas, Jehan Le Roy bénéficierait de l'antériorité de son exercice sur celui de Mathieu Vivian, qui n'est probablement, en fait, que son successeur. Il faut espérer que de nouvelles recherches ou d'autres documents apporteront la solution définitive du problème qui vient d'être posé.

III

LES MOULINS A PAPIER DE MEUNG - SUR - LOIRE ET LES FILIGRANES ORLÉANAIS AU XVe SIÈCLE

Avec ou sans le nom de Jehan Le Roy, un autre signe pourra fixer l'origine orléanaise du volume ou de la pièce dont nous provoquons la découverte; c'est le filigrane du papier.

Celui du *Manipulus*, nous l'avons dit, est une licorne. Ce filigrane se rencontre souvent imprimé dans la pâte des papiers de nos archives et de nos minutes de notaires au XVe siècle; mais il est très commun dans toute la France [1] et nous ne saurions

---

[1] On le trouve particulièrement dans les villes de l'Ouest, à Caen, à Rouen pour les livres, et dans les papiers jusqu'à Périgueux.

dire, par suite, que cette marque soit spé-
ciale à la fabrication orléanaise ; il en est
d'autres, au contraire, pour lesquelles on
peut hardiment produire cette affirmation.

Naturellement l'imprimerie fut introduite,
de préférence, dans les villes qui lui of-
fraient un débit facile de ses produits, bien
entendu, mais où se trouvait aussi la matière
première, le papier. Nous n'avons rencontré aucune mention de moulins à papier à
Orléans, non plus qu'à Saint-Mesmin, comme
cela eut lieu plus tard, dans les nombreux
actes du XVe siècle que nous avons par-
courus à cette intention.

Au contraire, nous en trouvons plusieurs
à Meung-sur-Loire, petite ville à cinq lieues
de la nôtre, riche en fabriques, en moulins
de toute sorte, au XVe siècle, à blé, à tan, à
foulon, à papier, mis en mouvement par les
petites rivières nommées les Mauves, qui la
parcourent. Meung est relié à la métropole
orléanaise par la grande voie fluviale que
sillonnaient en tous sens les *voituriers par
eau*, bien plus nombreux que les *voituriers
par terre*.

Les routes, alors rares et mal entretenues, servaient surtout aux piétons, aux gens de guerre et aux cultivateurs. Le commerce préférait les fleuves et les rivières, « la route qui marche. » La distance était donc vite franchie pour apporter le papier de Meung à Orléans.

Afin de prouver l'importance de cette industrie dans la petite ville, nous allons donner quelques-unes des notes que nous avons relevées sur ses registres notariaux.

Dans le plus ancien de ceux qu'il nous a été donné de consulter, on trouve déjà des papetiers en exercice : en 1410, Jehan Cornelle à la Nivelle ; en 1411, Jehan Boillève aux Marais de Meung ; en 1418, Roigier Piéfou, papetier à la Nivelle. Ce dernier exploitait aussi le moulin de Faron ; des ouvriers de Troyes vinrent y travailler avec lui. C'est sûrement à leur collaboration qu'on doit le filigrane d'un registre de Meung-sur-Loire avec les armes de la ville de Troyes surmontées d'une croix. Troyes est une des plus anciennes villes où les manufactures de papiers se soient installées ; elles étaient

en pleine prospérité sous Philippe de Va-
lois.

Le moulin d'Aunay appartenait au chapitre
de Meung. En 1456 Guillaume Peschard y
fabriquait du papier à *rompre*, du papier gros
et du papier fin.

Comme les documents sur la papeterie sont
assez rares, dans l'Orléanais du moins, nous
publions celui-ci intégralement :

Le premier jour du mois d'aoust mil IIII[c] *LVII.*

*Ledit Guillaume Peschart (papetier demo-
rant à Aunay en la paroisse de Saint-Pierre-
de-Meung), confesse avoir vendu par nom de
pure et parfaicte vente audit Colas Abrahan
(marchent demorant audit Meung) toute
l'euvre que ledit Guillaume pourra faire et
faire faire en son molin d'Aunay jusques à
de hui en ung an; c'est assavoir rame de
papier fin pour doze solz parisis, rame de
papier grox pour unze solz parisis et rame de
papier à rompre pour cinq solz parisis, pris
au molin d'Aunay. Et par ceste présente
vente faisent, sera ledit Colas tenu prendre
et recepvoir les euvres dudit Guillaume,*

*ainsi qui les fera et pourra faire faire ce
pendant, pour le pris que dessus. Et s'il est
ainsi que ledit Colas ne veille prandre,
recepvoir et accepter chacune desdit.:e rames
de fin papier ou pris de douze solz parisis,
comme dit est, à chacune foiz que icellui
Guillaume sommera ledit Colas de aller
quérir ledit papier sur ledit molin, ledit
Guillaume lui fera valoir chacune d'icelles
rames treze solz parisis, à paier icelles euvres
par toutes et quantes foiz que ledit Colas ou
son certain commandemen: :es enleveront
dudit molin. Si comme, etc.* [1]

L'industrie de Meung était prospère à cette
époque. En voici les preuves : en 1460 nous
voyons que le moulin de Cropet est un
moulin à papier ; la même année celui de
Patenostre est construit avec pareille desti-
nation. En 1463 le moulin de Basmont,
autrefois à foulon, est converti en moulin à
papier.

Déjà même les papetiers de Meung se

[1] Minutes de Jehan Le Picotté, notaire à Meung-
sur-Loire.

trouvaient à l'étroit dans leur petite ville et s'étendaient au dehors . En 1465 , Jehan Plantay, papetier en la paroisse Saint-Pierre de Meung, achète de Guillaume Panoillac aussi papetier, natif de « Lion-sur-le-Ronne », des droits sur le moulin à papier dit le Moulin du Pré à Suèvres, moyennant cent sous tournois de rente et « trente rammes de papier fin, « bon, loyal, marchant et de la largeur qu'il « esconvient [1]. » Le contrat contient cette clause que la vente aura pareil effet que si elle était passée sous le petit scel de Montpellier et des foires de Brie et de Champagne.

Enfin, en l'année 1500, Amy de Brebant est qualifié « fils de Jehan de Brebant, autrement « sire papetier à Meung [2]. »

Il serait facile de citer d'autres exemples, mais je crois que ceux-là suffisent.

Bien qu'Orléans ne semble pas avoir fabriqué, au XV siècle, il donne son nom au papier de Meung ; en 1454, un marchand de

[1] Minutes de Raoul Panaye, notaire à Meung-sur-Loire.
[2] Minutes de G. Bidault, notaire à Meung-sur-Loire.

Chinon achète « trois rames de papier d'Or-
« léans du prix de xv d. t. la main [1]. »

Tous les papiers de Meung avaient, suivant l'usage, des filigranes plus ou moins
bien dessinés. Nous ne parlerons pas de ceux
qui sont connus et reproduits déjà [2], comme
la licorne, l'arbalète, l'ancre, la tête de bœuf
surmontée d'une étoile, la grappe de raisin [3].

Nous ne regardons pas ces filigranes comme
particuliers à notre province ; chacun d'eux
se retrouve dans diverses contrées de France.
Il est, au reste, assez probable que les fa-
bricants n'éprouvaient aucun embarras à
s'approprier les marques estimées.

Nous voulons attirer l'attention sur deux
marques spéciales, proprement orléanaises,
employées depuis le milieu du XV⁵ siècle et

[1] Archives nationales, KK, 30.
[2] Voir notamment les articles intitulés : *Notes pour
servir à l'histoire du papier*, écrits par M. Vallet de
Viriville, dans la *Gazette des Beaux-Arts*, 1ʳᵉ année,
1859, t. II, p. 222; t. III, p. 153; t. IV, p. 150.
[3] M. Vallet de Viriville fait parfaitement ressortir
que les désignations des qualités et surtout des for-
mats du papier : raisin, pot, coquille, jésus, etc., cor-
respondent à des filigranes qui ont tous figuré dans
la pâte des premiers papiers.

qui se sont perpétuées assez longtemps. Nous les avons retrouvées dans les registres de Meung, de Cléry, ville voisine de la première, à cinq kilomètres de l'autre côté de la Loire, et d'Orléans. On les voit figurées sur une planche en tête de cette notice.

Le premier filigrane se compose d'un écusson portant une fleur de lis surmontée d'un lambel à trois pendants. C'est l'écu du duché d'Orléans. Il est surmonté d'une croix avec les trois clous de la Passion, qui est le symbole de l'église cathédrale d'Orléans. Ce filigrane, existant déjà en 1464 et très répandu, présente beaucoup de variétés, suivant les temps et suivant les fabriques évidemment; ces variétés portent sur la fleur de lis plus ou moins écrasée, sur les pendants du lambel, sur les clous et sur la forme de la croix; mais, nous le répétons, ce type, avec ses modifications et ses dégénérescences, s'est perpétué bien longtemps; nous l'avons retrouvé, en l'année 1565, sur le papier employé par Lambert Daneau, le célèbre ministre de Gien, pour sa correspondance savante avec Pierre Daniel d'Orléans.

M. Vallet de Viriville, dans ses *Notes pour servir à l'usage du papier*, dit que l'écu de ce filigrane « pourrait indiquer la ville capitale *et mieux* un point quelconque des États appartenant au duc d'Orléans, durant le XV⁰ siècle, à partir de Charles le poète. » Nous sommes heureux de nous rencontrer si bien avec ce savant regretté. Il ajoute, d'après M. Sotheby [1], que ce même filigrane figure sur le papier d'un *speculum* incunable de Harlem, imprimé en 1470.

Voilà un fait bien curieux ; par malheur il est inexact. Des quatre exemplaires incunables du *Speculum humanœ salvationis*, conservés à Harlem, trois sont en latin, sans nom d'imprimeur ni lieu d'impression, et sans date. Le quatrième, imprimé en hollandais à Culemborg, en Hollande, est de 1483 [2]. M. Sotheby dit d'ailleurs qu'il n'a jamais trouvé notre filigrane qu'à Harlem,

---

[1] *Principia typographica.* Londres, 1858, 3 vol. in-fol. Notre filigrane y est dessiné, paraît-il, au t. III, pl. 38.

[2] Cette vérification a été faite par M. Gonnet, conservateur adjoint de la bibliothèque de Harlem, qui voudra bien en recevoir ici nos remercîments.

sur un exemplaire de l'*Apocalypse*. Voici ses propres termes : « It is the only mark in the Harlem copy of the fourth edition of the *Apocalypse* nor have we found it in any other of the Block-books. » Il serait intéressant de comparer *les types qui ont servi à l'impression de* l'*Apocalypse* avec ceux du *Manipulus*.

Le second filigrane, moins commun, que nous rencontrons sur des registres à la date de 1469, se compose d'un écu de France aux trois fleurs de lis. La couronne, assez compliquée, contient au centre un ornement où se trouve le cœur de lis des armes de la ville d'Orléans. Le tout est surmonté de la croix entourée d'une couronne d'épines. C'est la pièce principale du blason du chapitre cathédral d'Orléans, lequel porte en outre à senestre, au dessus de cette croix, une main bénissante issant d'un nuage.

Ces deux types orléanais sont parfois accostés par des lettres, initiales des noms du fabricant, et qui sont sa marque absolument personnelle.

Les armes de la ville d'Orléans n'apparaissent dans nos filigranes qu'à partir du XVII⁰ siècle ; du moins nous ne les avons pas rencontrées auparavant et leur dessin accuse pleinement cette époque.

Sans vouloir pousser à fond cette étude sur l'industrie du papier à Meung, il nous sera permis de constater qu'elle s'y est éteinte de nos jours seulement. On lit dans les *Étrennes Orléanaises*, pour 1791, de Couret de Villeneuve, à l'article *Meung :* « Il y a aux environs de cette ville plusieurs papeteries où l'on fabrique des papiers propres pour l'impression et pour l'écriture. » Il cite celles de Cassignol, à Clan, et de Perdoulx, à Roudon.

Les *Étrennes Orléanaises*, de 1807, indiquent encore à Meung la papeterie de M. Lacoste : ce fut la dernière ; puis celle de Saint-Mesmin sur le Loiret, à M. Lemaigre : elle subsiste encore ; et enfin celles de Buges et de Langlée près de Montargis, à M. Léorier de l'Isle, toutes les deux sont converties à d'autres usages.

Léorier de l'Isle avait fait, dans cette dernière manufacture, des essais de papiers fabriqués avec de l'herbe, de la soie et du tilleul, sur lesquels on imprima, en 1784, un joli petit volume intitulé : *Les loisirs des bords du Loing ou recueil de pièces fugitives.* Le recueil, moitié sérieux, moitié léger, est dédié à Mme de Cypierre, baronne de Chevilly, intendante d'Orléans.

Cette dédicace était le remercîment bien mérité d'une gracieuseté de l'intendant. En voici l'anecdote, c'est l'histoire d'un filigrane, qui rentre ainsi pleinement dans notre sujet et fera peut-être excuser l'aridité des détails qui précèdent.

La comtesse de Provence était arrivée à Montargis le 10 mai 1771 ; elle allait de Nevers à Briare. Le lendemain, M. de Cypierre la conduisit, par eau, à la manufacture de Langlée. Un sieur Prévôt, l'intelligent directeur de la fabrication, servait de guide, expliquait les diverses opérations et faisait remarquer à la princesse la manière dont chaque feuille de papier reçoit l'empreinte qui la distingue. Il lui présenta une feuille qui venait d'être fabriquée sous ses yeux ; et, au lieu de la marque ordinaire, en opposant la feuille de papier au jour, elle y lut cette devise : « Vive Monsieur le comte de Provence! » — « Vœu du cœur, dont l'expression fut répétée par les acclamations de tous les ouvriers, » ajoute le chroniqueur auquel nous devons ce récit.

On a dit bien souvent que les livres ont leur destinée, « *habent sua fata*. » Qui racontera le sort de cette humble feuille de papier, aussi légère peut-être que les « vœux du cœur » des braves ouvriers de la manufacture de Langlée? Au moins est-il permis de dire, si ces vœux partaient d'un sentiment profond, que leur accomplissement se fit longtemps désirer! Le futur roi Louis XVIII n'en devait entendre l'écho que quarante-trois ans plus tard.

www.ingramcontent.com/pod-product-compliance
Ingram Content Group UK Ltd.
Pitfield, Milton Keynes, MK11 3LW, UK
UKHW021716130726
13696UKWH00004B/1848